CAPOEIRA NOSSA CULTURA

Produção Gráfica:

Amazon.Corp

Capa:

Geisa Torres

Revisão e Editoração Eletrônica:

Torres Editorial

Ficha Catalográfica

TORRES, Geisa

Capoeira Nossa Cultura

Salvador: Torres Editorial,

2019.

79p. 1ª ed.

ISBN: 9781794051133

Torres Editorial

CEP: 40.391-156, Salvador – BA

Tel: (71) 98653-8988

Email: torreseditorial@hotmail.com

Sumário

O COMEÇO...

Quando começamos é por pura emoção...

Sim, mas com o passar do tempo, começamos a sofrer porque começamos a perceber que podemos ir mais longe, porém quem nós seguimos não está pronto para fazer essa caminhada. Você insiste em mostrar um novo caminho, só que infelizmente você terá que ir sozinho, porque seu mestre não entende que a sua caminhada é outra.

Todos temos caminhos a seguir.

Alguns na mesma direção. Para outros, o seu começo é o fim dele, e para alguns o seu caminho não é o deles.

Nessa hora vai dar medo...

Você vai chorar, você vai se ajoelhar na sua cama, vai ficar noites sem dormir, mas você ouviu um chamado que poucos vão escutar.

"Eu não escolhi a capoeira,

Foi ela que me escolheu.

Se você não acredita...

Vem aqui jogar mais eu!"

E o que é esse jogo?

É só quando os berimbaus tocam?

Quando pandeiro e atabaque estão em sintonia?

O jogo da capoeira é muito maior que a roda com os instrumentos. E quando você escutar esse chamado, você vai atender.

Você foi chamado para lutar contra uma repressão cultural e popular! Você tem que lutar por todos em micro e macro potencialização dos costumes do seu ambiente.

O que a capoeira vai lhe oferecer em troca de seus serviços de resistência?

Você vai sair de um terreno em busca de plantar uma nova semente.

Que semente será esta?

Qual terreno estamos falando?

O terreno é o campo do conhecimento. Porém, onde está realmente a nossa hierarquia?

Sempre o mestre tem razão?

E porque eu tenho que buscar algo a mais que o mestre? Por que eu sou assim.

Simples: você ouviu o verdadeiro som do berimbau.

Agora vem a pergunta que vai te incomodar: você precisa abandonar seu mestre para crescer?

Existe realmente mestre de mentira?

Como identificar?

Por que a roda é tão importante?

Por que temos que investir na capoeira?

Como devemos saber o momento certo de ser um profissional da capoeira?

Sou discípulo ou aluno?

Quem sou eu na capoeira?

Bem, essas são algumas perguntas que trazemos e são algumas das questões que vamos juntos buscar soluções através da própria capoeira.

A capoeira é sustentável?

Hummmm...

Algumas pessoas podem dizer que sim, outras que não.

Mas com toda certeza eu lhe repasso o que acontece por experiencia própria.

<u>Primeiro você investe</u>. Depois de cinco ou seis anos de dedicação e muita experiência na vida, você começa a perceber que você não é mais um simples capoeirista, você é um empreendedor.

Mas para ser um empreendedor cultural, você tem que saber investir seu tempo e dinheiro.

Vou ganhar milhões?

Nossa! Isso eu não sei lhe responder, agora sei sim que se você planejar e se organizar emocionalmente, você poderá ter uma vida bem estruturada, ter um carro, casa própria, graduações...

Vou parar de trabalhar?

Só se você for um capoeirista ruim mesmo e seu dom for outro.

Por isso temos que nos identificar.

Somos líderes ou chefes?...

Te convido a vim conhecer um pouco do que venho aprendendo nessas 3 décadas de capoeira.

Com muito carinho,

RESPEITO AOS TÍTULOS.

Sabe, eu venho notando que existe mudanças além de transformações em todas áreas e assim também é em nossa capoeira. De que forma?

Bem, o mundo é uma constante evolução. Para alguns isso é ótimo, para outros isso é péssimo e para a capoeira com essa transformação que se vem acontecendo, há uma questão: o que aconteceu com o respeito para com os títulos?

Eu lembro bastante da minha fase inicial da capoeira. Eu e a maioria dos alunos só chamavam os mestres de senhor, até porque os mestres eram muito mais velhos e o ensinamento de casa todos sabem, o tratamento é senhor e senhora.

Falar com o mestre? Nossa, era uma honra!

O mestre lembrar o nome do aluno? Quem não fica honrado?

Ter um evento e o Mestre ir porque o aluno convidou e levou o convite até sua academia? Isso era prestígio!

Quando o mestre falava: - "Gosto muito desse aluno" não era chamando-o para ir fazer parte do grupo dele não, era simplesmente por que gostava e o aluno ficava orgulhoso.

Hoje em dia o aluno quer que o mestre lembre o nome dele por que ele dar dois saltos, ou por que tem alguma velocidade.

Hoje os alunos chamam os professores, os contramestres e mestres pelo nome, achando que são da sua iguala.

Tem momentos que nem sei quem é quem, só observo e dou muita risada, mas o aluno não está errado. Minha postura é simples: quando quem não tem intimidade me chama de você, (não importa a graduação ou a idade) eu respondo: "Oi senhor" ou então "Oi senhora", e me apresento "Prazer, Mestra Geisa". Aí tem aluno que pergunta: "Ô mestra, a senhora está se achando é?".

Mas se vocês repararem antes era você, agora é mestra.

Então, se eu que ralei tanto para chegar aonde eu cheguei, e eu mesma não me valorizar como ser humano, as pessoas vão me valorizar como mestra?

E se caso eu não valorizar os meus títulos, como eu vou valorizar capoeira?

Será que vai se ter respeito à minha identidade cultural ou esportiva?

São pequenas ações que fazem de você quem você é. Se não existe o respeito a você, não existirá respeito a nada que você representa.

Então por isso eu peço que alunos sejam alunos, graduados se comportem como tal, instrutores, formados, professores, contramestres e Mestres, para que o respeito não seja só por seus títulos e sim por si mesmo como pessoa, como representante da capoeira e da cultura, e que trabalhe em prol disso, pois só assim a nossa arte vai crescer.

ALUNO OU DISCÍPULO?

Existe vários fatores hoje em dia que leva a nossa comunidade a pensar que ter muitos alunos é ter um grupo forte.

A maioria dos líderes de grupo falam: "Eu quero qualidade, não quantidade."

Mas o que estamos sempre a ver é grupos que estão se superlotados de alunos sem raízes que hoje eles estão, amanhã não. Eu já vi casos de uma pessoa em um ano trocar de grupo umas cinco vezes, então para mim ele simplesmente é um ambicioso por graduação e um aluno que não vale a pena ensinar mais nada porque ele é um sugador.

Quando se descobre a diferença entre quem é aluno e quem é discípulo?

1º: Vamos descobrir a diferença de cada um:

O que significa ser aluno?

É o indivíduo que recebe formação e instrução de um ou vários professores ou mestres para adquirir ou ampliar seus conhecimentos.

O que é ser Discípulo?

É aquele que segue outros em suas ideias, atitudes, posições ideológicas e determinações existenciais. Resumindo: discípulo é aquele faz tudo o que seu mestre quer e crê em tudo o que ele diz e tem o desejo de ser igual ao seu mestre.

Agora já sabemos diferença do que realmente cada um é.

2º: QUAL É O TEMPO DO ALUNO E O DO DISCÍPULO?

É muito difícil saber quem é o discipulo e o aluno, mas temos algumas dicas que ajudam a perceber.

- O **aluno** é aquele que está sempre sabendo de tudo e anda questionando, porém, fala mal de você com os outros integrantes do grupo;
- O **discípulo** fica calado e aceita a maioria das coisas, mas depois lhe chama sozinho e conversa. A conversa entre vocês dois permanece entre vocês dois;
- O **aluno** na maioria das vezes faz de tudo para agradar o mestre;
- O **discípulo** faz o que o mestre pede, tentando fazer o seu melhor;
- O **aluno** quer ser sempre o Centro das Atenções;
- O **discípulo** tenta fazer do Mestre o Centro das Atenções;

- O **aluno** quando não ganha a graduação que queria, fica de cara feia e sem treinar. Às vezes até sai do grupo.
- O **discípulo** não liga para graduação, pois o importante para ele não se igualar ao mestre e sim dar orgulho ao mestre.

Então, o que você quer fazer: alunos ou discípulos? Pense bem, afinal alunos são os que enchem a academia e os discípulos são os que vão manter para sempre o seu nome vivo.

PROFESSOR OU EDUCADOR?

Professor ou docente é uma pessoa que ensina uma ciência, arte, técnica ou outro conhecimento. Para o exercício dessa profissão, requer-se qualificações acadêmicas e pedagógicas, para que consiga transmitir/ensinar a matéria de estudo da melhor forma possível ao aluno.

Chama-se de **educador** quem ensina consciente ou inconscientemente alguma coisa a alguém.

Sem querer magoar, mas hoje muitos colocam em suas camisas "educador", sendo assim, todos os alunos são educadores pois todos inconscientemente ensinam algo aos mais novos. Pensando assim, se chamar educador é muito bonito porém qualquer um pode ser um educador, agora para ser um professor já vimos que tem que ter uma certa qualificação, na qual a capoeira vem chegando com os anos e por isso é importantíssimo o capoeirista nunca pular seus estágios pois a capoeira é como uma escola: cada série que você passa as matérias se tornam outras, os conhecimentos mudam...

Assim são as nossas experiências em nossas graduações.

Na capoeira você vem em cada graduação esperando seu tempo, e quando se pula esse tempo você perde uma grande essência. Às vezes você amadurece o aluno precocemente achando que ele está pronto quando a verdade é que se fazer um aluno jogador é muito fácil, porém fazê-lo um educador é algo que leva um pouco mais de tempo e professor leva mais tempo ainda!

Parabéns aqueles que se chamam "educador" sem saber que se você já é um professor ou um mestre, você hoje está se rebaixando já que está fazendo um trabalho que qualquer um pode fazer, apesar que não posso deixar de dizer que é uma palavra bonita. É lindo as escolas que ainda mantêm o nome de professores e monitores, pois não vejo as escolas chamando os seus professores de educadores. Será que é porque eles sabem a diferença?

Na maioria das vezes eu sempre observo as pessoas falarem que a capoeira está em constante evolução e sinceramente eu concordo. O que eu não entendo é as linhagens que seguem e por conta do modismo, a galera segue a modinha sem antes saber o significado.

Não estou diminuindo ninguém, só estou buscando resposta dentro do meu próprio eu para entender melhor a nossa arte. Mas a pergunta fica no ar:

Você é professor ou educador?

O QUE É SER MESTRE?

Na verdade, ser mestre é aceitar que se é pequeno como um grão de areia e grande o bastante para saber que quanto mais se aprende, menos se sabe.

É se alegrar com o desenvolvimento dos alunos e fornecer todas ferramentas necessárias para que um dia, o aprendiz supere o mentor. Ser mestre é descobrir que não se pode dominar o conhecimento e que, ainda assim, deve--se buscá-lo durante toda uma vida.

O mestre é, antes de tudo, um corajoso. Só assim para se dispor a buscar a maestria na trabalhosa arte de ser mestre.

MESTRE: *1.Homem que ensina; professor; 2.Aquele que é perito ou versado numa ciência ou arte...3.Homem superior e de muito saber: 4.Aquele que se avantaja em qualquer coisa: Em criar confusões ele é mestre...11.Diretor espiritual; mentor, confessor...13.Aquele que tem o mestrado (5)...21.Bras. Cap. Título concedido a capoeiristas mais experientes, com notório saber e longa vivência na capoeira...23.Que é superior a... 25.Que é o mais importante; que serve de base ou de guia; principal, fundamental:*

Na essência da nossa reflexão, o verdadeiro mestre é, portanto, aquele que se tornou senhor de si, ou seja, ele é mestre de si mesmo.

Alguém com o espírito diferenciado e mais próximo da iluminação.

Segundo **Georges Gusdorf: "Professores há muitos; mestres, dignos deste nome, raros o são."** O mestre é uma joia rara. Porque a sua vida tem um sentido, ensinar a possibilidade de existir (...)." Entende-se que os professores ensinam por palavras, com os mestres aprendemos por ações e exemplos.

Agora que você tem noção do que é ser um mestre, me responda:

É QUALQUER UM QUE MERECE SER MESTRE DE CAPOEIRA?

ALUNO COMPRADO OU CONQUISTADO?

No caminho da capoeira nós temos alguns tropeços acompanhados de alguns espinhos ao longo do caminho e às vezes, nós líderes, fazemos algumas escolhas erradas ao apostarmos em certos alunos e depois ficamos com o sentimento de termos sido roubados quando esse aluno vai para outra escola/academia. Eu penso que, na verdade, existem dois tipos de alunos entre aqueles que migram de uma escola para outra.

Existe o **aluno conquistado.** Esse, é aquele aluno que começa em uma escola/academia ainda criança e tudo o que seu mentor lhe diz ele responde com amém. Só que toda criança cresce, um dia se torna uma pessoa adulta e como tal provido de inteligência, este vai em busca de sua melhora e olha para o seu mentor, para os seus colegas e vê que não está crescendo como deveria...

Ele vê uma nova escola na qual parece que todos crescem e desenvolvem, então a culpa dele ter ido para outra academia não é do mestre que o aceitou e sim do seu atual mentor que não supriu a necessidade do aluno que foi conquistado por algo que tinha na sua antiga escola.

Assim como o aluno conquistado, existe o **aluno "comprado".** Este é aquele que está muito bem e se sente muito feliz na sua escola, mas o mestre não consegue enxergar que o aluno é ambicioso. Não vê nos olhos dos componentes do grupo quem é quem, não percebe que está na hora de deixar algumas regras de lado e perde alunos para outras escolas por coisas simples como uma calça, uma camisa ou melhor: quando o aluno ganha uma graduação, aí seu antigo mentor geralmente diz que o aluno foi "comprado".

Eu já penso o seguinte: o aluno só quis crescer. Então não existe aluno "comprado" ou "seduzido". Ele foi buscar a melhora dele e como todo bom mestre que incentiva seu aluno a crescer, eu não vejo nada de errado o aluno seguir outra bandeira ou outra escola. Se os nossos filhos fazem isso, imagine aluno. Fica a dica.

Graças a Deus que no Bahia Ginga (grupo que fundei), eu incentivo que cada um vá para onde quiser, pois nos nossos eventos ele é um parceiro importantíssimo e fundamental já que é mais uma bandeira amiga.

O DIA DA FORMATURA.

Era dia da Cerimônia de entrega de cordéis.

Um lutador de capoeira agacha-se diante de seu mestre, para receber o cordel de Formado, pela qual tanto se dedicou. Depois de anos de treinamento, o aluno finalmente chegou ao auge do êxito na disciplina e da técnica.

No momento da entrega do cordel, o mestre diz:
- Antes que eu lhe dê o cordel, você tem que passar por outro teste.
- Estou pronto! - responde o confiante aluno, talvez esperando por um último combate.
- Você tem que responder à pergunta essencial: "Qual é o verdadeiro significado da graduação de formado?"
O aluno responde:
- O fim da jornada. O degrau mais alto. A honra máxima. A última recompensa merecida pela minha dedicação.
O mestre fica em silêncio por alguns segundos. Insatisfeito com a resposta, ele diz:
- Você ainda não está pronto para a graduação de formado. Volte daqui a um ano.
Um ano depois, o aluno se agacha —se novamente na frente do Mestre.
- Qual é o verdadeiro significado da graduação de formado? – pergunta o professor.
- É o símbolo da excelência e o nível mais alto que se

pode atingir em nossa arte - responde o aluno.

Depois de mais um silêncio, o mestre diz:

- Você ainda não está pronto para a graduação de formado. Volte daqui a um ano.

Mais um ano se passa. O aluno se ajoelha novamente diante do mestre, que mais uma vez, repete a pergunta:

- Qual é o verdadeiro significado da graduação de formado?

- A graduação representa o começo, o início de uma jornada sem fim de disciplina e trabalho. A busca por um padrão cada vez mais alto - responde o aluno.

- Sim! - responde o mestre - Agora você está pronto para receber a graduação de formado e iniciar o seu trabalho.

Reflita sobre esta conhecida história.

Há um ditado japonês que diz **"Não existe um fim. Existe apenas o caminho. A evolução nunca termina"**. Devemos procurar nos aperfeiçoar sempre, progredir sempre. Busque sempre ser uma pessoa melhor. Não melhor que os outros. Melhor que nós mesmos.

(Esse texto é de Carlos Hilsdorf com uma pequena modificação minha sendo uma paródia do texto original)

QUANDO O ALUNO PENSA QUE SUPEROU SEU MESTRE.

Chega um momento em que a idade vai deixando seu corpo mais lento, porém sua sabedoria e experiência fazem com que você cresça, só que tem aquele aluno que esperava a vez de crescer e apagar o nome de seu mestre, não sabendo ele, que nesse momento ele apaga a sua própria história.

Porque ele apaga sua própria história?
Simplesmente por que não existe uma árvore que não foi semente, um adulto que não foi criança!

Os alunos que sonham em ser mestres não têm paciência, não buscam adquirir a malícia e só querem mesmo o título, sendo que não ao mesmo sabem para o que serve! Não imaginam como é SER um mestre e nem sabem a obrigação REAL do mestre!

Então simplesmente vou tentar informa-lo, mas se você acha que está em condições prossiga em sua busca.

1º: QUAL A REAL FUNÇÃO DO MESTRE DE CAPOEIRA?
Ensinar capoeira.

2º: COMO ENSINAR CAPOEIRA?

Fazendo bons alunos que poderão ser futuros discípulos.

3º: MAS, COMO SE FAZ BONS ALUNOS?

Ensinado tudo o que sabe?
O mestre sabe de tudo sobre a arte?
CLARO QUE NÃO!
Então o que um mestre faz realmente?
Ele prepara o atleta quando Formado;
Ele prepara o educador quando Professor;
Ele prepara o professor quando Mestre.
Ele prepara o Mestre quando ele é um bom Mestre que retorna para ensinar as crianças...

Simplesmente ele já não luta só na roda de capoeira...
Ele já tem uma luta maior, que é com o Sistema Governamental. Ele vai em busca de recursos para melhor atender a sua comunidade.
O mestre não é leigo do Saber Ancestral e é dever de todo bom mestre, defender a capoeira como um todo. É importante para o mestre a cultura e suas manifestações...
Um bom mestre não está preso apenas nas linguagens capoeirísticas, mas ele possui todo um dialeto mundial!

O bom mestre serve de exemplo para toda e qualquer pessoa no mundo inteiro, sendo assim, ele tem que saber valorizar a sua arte e não a vender por qualquer punhado de moedas.

Então pense bem: o que é um mestre de fundamentos e qualidades?

O verdadeiro mestre está sempre em constante crescimento, seja ele acadêmico, financeiro, social, religioso, esportivo e/ou familiar e se ele não sabe coordenar sua família será que vai saber organizar um grupo?
Se ele não está crescendo, você acredita que ele não vai ter olho grosso em seus alunos ou nos alunos dos outros?

Então só para lembrar:
Graduação de Mestre na cintura de uma criança, é apenas uma graduação. Mas na cintura de um filósofo, é uma porta aberta para grandes conquistas...

UM SALVE PARA TODOS OS MESTRES QUE SÃO EXEMPLOS DE VIDA.

CONHECIMENTO.

O conhecimento...

O conhecimento de cada ser humano é de acordo ao que ele passa na sua vida, é através do seu dia a dia que ele vai amadurecendo e isto vai formando o nível do seu intelecto, sendo que às vezes você pensa que é chato estudar, sem saber que na verdade, é horrível não dominar um assunto ou não conhecê-lo.

Sendo assim que tento dividir um pouco que estou aprendendo com os meus amigos.

Principalmente sobre capoeira.

Capoeira: como surgiu?

Bem, no começo da colonização das terras do nosso maravilhoso país precisava-se de mão de obra para cultivar as riquezas da época como a cana-de-açúcar. A partir desse ponto, começaram a trazer os negros através de Navios (os chamados Navios Negreiros) e esses negros eram bastante maltratados e por conta disso, muitos deles nem chegavam ao Brasil pois morriam de Banto (depressão) ou se matavam, tendo em vista que a maioria morria devido aos maus tratos.

<u>**Curiosidade**</u>: Você sabia que os negros que foram trazidos para o Brasil, não foram os mesmos que chegaram nos outros países americanos como nos Estados Unidos? Pois é! Os que vieram para o Brasil já viviam em civilizações e em tribos onde tinham reis, rainhas e sabiam contar e ler sim! Os que foram para os outros lugares eram membros de tribos canibalescas e de tribos que usavam a força para crescer pois estavam sempre em guerra.

Bem, com todo o ocorrido anterior, os negros passaram a ser escravos e viviam em um ritmo incessante e exaltante de trabalho. Eles iam da Senzala para a lavoura e da lavoura para a Senzala (um Galpão), comiam o que lhe davam (que geralmente era alguns pedaços de milhos e restos de animais) para que eles continuassem vivos e trabalhassem, mas não era todos que viviam só na lavoura, tinha os empregados domésticos que trabalham na Casa Grande.

O que você acha que levou os negros a criarem a capoeira?

Afinal, o que é capoeira?

O significado da palavra Capoeira na língua indígena tupi-guarani é: mato ralo, clareiras dentro das matas.

Oxente, uma palavra indígena em uma cultura que é africana?

Deixe-me explicar uma coisa, na qual alguns chamam de teoria: antes de se chamar capoeira, alguns dizem que no continente Africano existia a dança da zebra. Essa dança era meio como uma luta, porém aqui, ela foi ganhando outros movimentos afinal ela deveria ser uma luta disfarçada em dança. Se os senhores de engenhos descobrissem, imagina a surra que os negros iriam ganhar!

Mas como é que de uma dança, a capoeira virou essa manifestação cultural que espalhou pelo mundo?

Na minha humilde opinião, tudo foi acontecendo bem lentamente... A capoeira é na verdade, para muitos, um grito de liberdade que foi se tornando o que é hoje por conta da sua dificuldade inicial de ser aceita em tudo que fosse parte da sociedade aristocrática.

1º - Na escravidão quando se descobria que o negro escravo era capoeirista e era dos bons, daqueles que conseguiam fugir através de golpes com a cabeça, os pés e as mãos, ele era tido como uma arma humana.

2º - No início da República, a capoeira foi considerada crime e quem a praticasse era preso mesmo, era realmente mandado para a prisão. Mas a capoeira sempre permaneceu firme, mesmo sendo usada pelos Republicanos que contratavam Maltas para bagunçar comícios, roubar urnas, fazer segurança de políticos... Porém ainda assim, infelizmente o capoeirista era tido como ladrão.

3º - As mudanças que ocorreram no Brasil durante a época do Presidente Getúlio Vargas também contribuíram para que a capoeira se tornasse um ícone da cultura brasileira, e aproveito para responder uma certa questão: Eu acredito que é um ícone mesmo! Pense comigo: ela aceita todos da forma que são. Ela não distingue individuo algum em altura, peso, condição social, etc... Foi passada de geração para geração gratuitamente por muitos anos por meio da oralidade e hoje a temos até como profissão e muitos estão realizando vários trabalhos sociais, lutando ativamente contra as drogas e a desvalorização das pessoas.

PROFISSIONALISMO X AMIZADE

Como será que os mestres erram com seus alunos para que, do nada eles decidam ir embora? Com essa pergunta, criei uma pesquisa a partir do que venho vendo e cheguei às seguintes conclusões:

1º - Começa que aluno é aluno e não se pode, nem deve, confiar sua vida pessoal a aluno;

2º - O mestre nunca pode confiar em um aluno para fazer sua parte na academia, pois o aluno pode pensar que já é mestre;

3º - Tenha medo do aluno que tudo quer aprender;

4º - Pense bem se o aluno merece sair de sua graduação atual para a próxima;

5º - Nunca compare um aluno com outro. Você pode acabar perdendo um futuro discípulo;

6º - Nunca chame alguém para fazer parte do seu grupo, pois o mesmo vai se achar o dono da verdade;

7º - Nunca pare de dar aula e sempre lembre que seus alunos são aqueles que estão diretamente com você;

8º - Nunca confunda trabalho com amizade

<u>**9º**</u> - Sempre lembre que o compromisso do mestre é com a capoeira e não com aluno;

Bem, esses são apenas alguns conselhos que tirei da experiência da vida, então mestres, vamos prestar atenção mais detalhadamente nas pessoas que estão chegando dizendo que estão ali para somar e ajudar, pois alguns querem tomar conta daquilo que o senhor plantou dizendo que é dele e isso aluno nenhum tem o direito. Esse direito é para os seus discípulos!

Quando o mestre não é bobo, esses que dizem que chegaram para somar percebem quase que imediatamente e se vão, pois não devemos prostituir a nossa capoeira.

Nunca confunda profissionalismo com amizade, pois nunca se compara aluno com discípulo.

SALVE GRANDES MESTRES!

EMPODERAMENTO CULTURAL

Empoderamento é a ação social coletiva de participar de debates que visam potencializar a conscientização civil sobre os direitos sociais e civis.

Empoderamento social, é o que se resume em dar poder à uma comunidade, fazer com que tudo seja mais democrático, que a população em geral tenha poder de opinião e decisão.

Empoderamento feminino é o ato de conceder o poder de participação social às mulheres, garantindo que possam estar cientes sobre a luta pelos seus direitos, como a total igualdade entre os gêneros, por exemplo.

Empoderamento Cultural: é o que eu chamo de crescimento cultural de diversos seguimentos, principalmente no que engloba os negros e a sua cultura, sem gênero feminino ou masculino e sim a cultural onde o crescimento em conjunto nos tornará muito melhor visto, nos tornará melhor relacionados uns com os outros e assim nos tornaremos mais respeitados.

Dentro do empoderamento cultural, está a afirmação que um sobe e leva o outro, não importando quem sobe primeiro. O importante é lembrar que alguém te ajudou a subir e agora é sua vez de perpetuar esse ciclo, ajudando outro(a) a se levantar.

Então já que é para empoderar, vamos fazer isso de mãos dadas com a nossa cultura!

O QUE É CAPOEIRA?

A capoeira abraça a todos, ajuda a todos e traz consigo muitos conflitos de sua origem. Há suas regras (se é que existe regras).

Quando o assunto é capoeira tudo fica muito complexo, surge discussões de todas as formas, então surge aquele momento em que os fatos são reais e devem ser abordados para um diálogo em um momento ímpar.

Há algumas perguntas que simplesmente são de abordagem simples, mas sempre surge uma pequena discordância.

CAPOEIRA É DANÇA?

Penso eu que sim, desde quando estou fazendo os movimentos em conjunto, quando surge uma sincronia entre os movimentos, quando segue-se um ritmo, quando os dois estão em uma só harmonia, quando existe a expressão corporal.

CAPOEIRA É LUTA?

Porque mesmo que o guerreiro luta?

Ele luta por dois motivos: para ser livre ou dominar.

O capoeirista que vem com seu egocentrismo elevado, ele vem para dominar, ele vem querendo intimidar.

Quando o capoeirista é uma criatura livre, ele luta para continuar livre, onde a luta de expressão, a luta contínua não é mais contra o feitor... É contra a própria

vaidade do capoeirista, onde um irmão quer obrigar o
outro a ser dominado, quando o capoeirista vem querendo ser o feitor, e assim vem sendo desde a escrava-
tura pois aquele que só pensa no individualismo é
aquele só pensa nele e esquece que capoeira é coletividade.

CAPOEIRA É RELIGIÃO?

Antes ser capoeirista era ser macumbeiro (desculpem
a expressão utilizada pois macumba é, na verdade, um
instrumento musical), só por que a capoeira e o candom-
blé vêm de matrizes africanas, vêm do negro e o negro
cultua a energia da terra, então tudo se misturou: capoeira e religião.

Mas se for para analisar, a capoeira em si é realmente
uma religião própria. Ela não é e não está vinculada a
nenhuma outra se realmente for ver o que é religião.

Religião é uma **fé**, uma **devoção** a tudo que é consi-
derado sagrado. É um culto que aproxima o homem das
entidades a quem são atribuídos poderes sobrenaturais.
É uma **crença** em que as pessoas buscam a satisfação
nas práticas religiosas ou na fé, para superar o sofrimento e alcançar a felicidade.

Bem, se é para ser vamos lá.

O Berimbau é sagrado na roda de capoeira.

A roda reúne as pessoas e na hora dos cantos, dos to-
ques e do jogo, o capoeirista entra em uma espécie de
transe e faz coisas que nem ele mesmo acredita. Na capoeira as pessoas buscam a satisfação, para assim alcançar a felicidade e superar o sofrimento.

CAPOEIRA É ESPORTE?

Observando pelo lado da seguinte pergunta: **O que é esporte?**

Desporto <u>(ori)</u> ou **Esporte** <u>(português brasileiro)</u> é toda a forma de praticar <u>atividade física</u> que, através de participação ocasional ou organizada, visa equilibrar a <u>saúde</u> ou melhorar a aptidão <u>física</u> e/ou <u>mental</u> e proporcionar <u>entretenimento</u> aos participantes. Pode ser <u>competitivo</u>, onde o vencedor ou vencedores podem ser identificados por obtenção de um objetivo, e pode exigir um grau de <u>habilidade</u>, especialmente em níveis mais elevados. São centenas os tipos de desportos existentes, incluindo aqueles para um único participante, até aqueles com centenas de participantes simultâneos, em _[ou individualmente.

Agora analisemos juntos: a capoeira é uma atividade física sim, pois ela realmente melhora a qualidade de saúde mental e física, realmente é individual ou coletiva e também tem competições. Sendo assim, chegamos a conclusão de que com certeza, ela é esporte.

CAPOEIRA É FILOSOFIA?

É muito complexo dizer que a capoeira não tem filosofia pois, em muitas frases de grandes mestres percebe-se o ato de filosofar, de passar o conceito da vida. Porém, para ter certeza vamos realmente ver a questão: **O que é filosofia?**

Filosofia é uma palavra grega que significa **"amor à sabedoria"** e consiste no **estudo de problemas fundamentais** relacionados à existência, ao conhecimento, à verdade, aos valores morais e estéticos, à mente e à linguagem.

Agora, o fato de você estar lendo esse capítulo e pensando se ele tem fundamentos ou não, já é o ato de filosofar. Então não temos dúvidas que capoeira é filosofia pura e contínua.

CAPOEIRA É CULTURA?

Nossa capoeira é tão cultura quanto é da nossa cultura baiana ter acarajé.

Mas mesmo assim temos que realmente saber: **O que é cultura?**

Cultura, significa todo aquele **complexo que inclui o conhecimento, a arte, as crenças, a lei, a moral, os costumes e todos os hábitos e aptidões adquiridos pelo ser humano,** não somente em família, como também por fazer parte de uma sociedade da qual é membro.

Então capoeira como cultura é muito rica em transmitir os conhecimentos dos mais velhos aos mais novos, é a forma de expressar a cultura de um povo que sofreu muito, um povo que resistiu e conseguiu mesmo embaixo de sangue e suor implantar e mesclar sua cultura em uma terra onde para ele só existia a dor.

CAPOEIRA FÉ E VIDA: PORQUÊ?

Por que para se ter **FÉ** você precisa acreditar, e a capoeira faz isso. Faz as pessoas acreditarem nelas mesmas. **VIDA** pois não existe um capoeirista que não sinta o axé natural da capoeira, aquela energia que vem de frente, que explode de dentro para fora, que sustenta seu ser. Essa energia é o que o faz levantar com dores pra jogar capoeira.

Então ser capoeirista é estar pronto para as dificuldades da vida, e na roda aprendemos que mesmo quando cair temos que nos levantar, e a capoeira nos ensina a forma de levantar.

Se as pessoas que estão nela não conseguem enxergar o caminho, a culpa não é da capoeira, é do praticante da mesma, porque ser capoeira vai além do som do berimbau, vai além da simetria da roda. Ser capoeira é estar sempre em busca da evolução. Ser capoeira é ser um nível elevado de sofrimento e aprendizado. É demorar para aprender que nada sabe.

MINISTRAR AULA É O MESMO DE PRATICAR?

Venho a algum tempo observando alguns mestres que aplicam aula e me dizem que estão treinando junto. Pensando no assunto, cheguei a conclusão que, sinceramente, eu não consigo fazer isso pois não dá para manter a mesma intensidade de treino e penso da seguinte forma:

Os alongamentos podem ser feitos em conjunto?

Sim. Mas quando se tem um aluno iniciante, você tem que preparar uma metodologia para explicar como se faz, então nesse ponto já parou o treino para você.

Aquecimento: (bom, isso é algo ocorre comigo) às vezes por causa do cansaço ao longo do dia, eu não consigo fazer todos os exercícios e aí começo a dizer aos alunos o que deve ser feito e fico na minha zona de conforto. Sei que isto é errado e por isso venho me policiando, buscando fazer sempre todos os exercícios.

Outra coisa que eu observo em muitos mestres (não todos) que ficam em sua área de conforto e que dizem: "Já fiz meu nome, não tenho nada para provar a ninguém". Com certeza, eu já penso que ninguém tem nada para provar mesmo, pois se temos que provar algo, é para si próprio de que ainda somos capazes de ser alunos, de ter humildade de acrescentar novos movimentos dentro da nossa capacidade.

Deixo claro que as conclusões expostas aqui são a partir de observações minhas, pois vejo também muito mestre que se dedica a cada momento mais e mais, participa de aulas ministradas por seus alunos, participa de cursos, e não tem vergonha de dizer que não sabe... Esse mestre merece respeito e admiração.

O mesmo acontece com muitos professores, formados e etc...

Acham que podem só dar aula, que já aprenderam o bastante e não precisam retornar para academia do seu mestre, treinar com os alunos e ainda assim querem formar uma equipe, querem mostrar trabalho. Porém quando os alunos que treinam com o mestre não mais os respeitam ou nem ao menos os conhece, ele aparece na roda do mestre e diz: "Sou o mais velho".

Daí em diante surge a questão: **o que acontece?**

Os alunos demonstram respeito aos alunos que treinam em conjunto, aos que se tornam amigos, aos que estão se dedicando e com o tempo o mestre já começa a não ir mais na academia dele, o aluno acaba se afastando do seu mestre, vai procurar outro e com esse outro segue-se a mesma coisa.

Tem aluno que pensa que, ao dar aula está também treinando, porém, eu tenho certeza de que, quem ministra aula não treina em conjunto, mas também não sou a dona da verdade.

Apenas de uma coisa eu tenho certeza: **até os campeões tem treinadores e técnicos.**

COMO CONHECER O CAPOEIRA.

Vou contar para vocês uma pequena história, baseada em fatos reais...

Uma certa vez uma amiga minha me perguntou:
– Como você conhece as pessoas no mundo da capoeira e sabe quem é bom ou ruim?
Eu respondi:
– Não costumo julgar ninguém, eu simplesmente observo a sua postura na roda de capoeira.
– Impossível! – disse ela.
Então explanei a história na qual peço para que reflitam:
– Certa vez em uma roda, vi um rapaz que jogava de um modo muito humilde, com uma simplicidade que me incomodou... Enquanto eu reparava no rapaz, chegou um cidadão muito cheio de si e entrou na roda para jogar com ele.
"Aquele cidadão começou a fazer um jogo apertado. O rapaz sentiu a maldade do outro... Deu duas pernadas, chamou no pé do berimbau, apertou a mão do outro e saiu.
Um pouco após o ocorrido começaram a dizer que o rapaz era medroso, só que eu estava observando o jogo entre os dois... O rapaz havia dado duas "entradas" no outro rapaz, porém continuemos o caso: Mais tarde, naquele mesmo dia, começou a festa na cidade, todos estavam se divertindo e o rapaz mais humilde começou a se

engraçar com uma morena linda, quando chegou o cidadão dizendo que era namorado da menina e ele simplesmente pediu desculpa e foi se retirando. Mas como era capoeirista e todo malandro, ele decidiu olhar para traz e ouviu a morena dizendo: "Não sou sua namorada, não sou nada sua. Me deixe em paz!". Nesse momento o cidadão ficou nervoso, puxou a menina pelos cabelos e começou a deferir vários socos na morena.

O rapaz que tinha decido ir embora pois evitava confusão chegou dando martelo, chapa e ponteira (para quem esteja lendo e seja apenas um admirador da nossa arte, esses são nomenclaturas de alguns movimentos de capoeira). Só que o outro rapaz não estava sozinho. Chegou mais dois amigos do cidadão e aí o "pau" centralizou, os três foram em cima do rapaz e ele mostrou realmente do que era feito, os três rapazes "caíram no piau". Foi quando a polícia apareceu, prendeu os três rapazes e no fim a morena ficou com o capoeira.

CAPOEIRA PARA CRIANÇAS, ADULTOS E IDOSOS.

Antigamente, se passava a capoeira para as crianças que se tornavam adultos, depois estes se tornavam idosos, passando a ser anciões.

Em um certo tempo só havia pessoas adultas e todos queriam provar algo.

Em outro tempo houve uma invasão muito boa em escolas para ministrar aulas de capoeira para crianças. Essas aulas de capoeira hoje têm uma dinâmica diferente, onde está se fazendo um trabalho funcional ou de motricidade com as crianças, mas também com algumas variações de pedagogia.

Com isso hoje eu me pergunto: **Qual tipo de profissional eu quero ser?**

    a) Se eu for trabalhar com crianças, qual ser a minha formação?

    b) Se for me tornar um profissional para adultos, qual deve ser a minha formação?

    c) E se os adultos forem de uma faixa etária de 60 a 90 anos?

- **Respostas:**

a) Pedagogia ou psicopedagogia

b) Educação física

c) Fisioterapia

"Mas eu só quero ser mestre de capoeira!"

Ser mestre é ter conhecimento a sua área, e se você for um péssimo mestre porque nem sabe qual público quer trabalhar, ou quer dominar todas as áreas e acaba não se especializando em nenhuma.

Bem, venho de uma época que as mulheres eram vistas iguais a homens. Hoje isso já se separa um pouco.

Venho do tempo que a capoeira era luta e cultura. Hoje ela é vista como estética e profissionalismo através da cultura e da luta e às vezes a maioria quer ser tudo e acabam sendo nada.

Para você que começa hoje em qualquer atividade física ou cultural, seja livre para experimentar e se caso se profissionalize, seja consciente também para se especializar pois com sua especialização você pode ir muito longe.

QUAL PAPEL DO PROFESSOR?

Qual o papel do líder de uma turma de capoeira?
Será que ele está sempre e somente "puxando" aula?
Tem que estar sempre em conjunto com os alunos?

Bem, devemos pensar que é uma responsabilidade
muito grande ser um professor.
Primeiro vamos entender o que significa a palavra
Professor: Pessoa que, por conhecimento adqui-
rido ou experiência de vida, pode ser mentor, es-
pelho e/ou norte para outros que desconhecem fatos ou acontecimentos.

O professor de capoeira ou melhor qualquer indivíduo que começa a direcionar outros no mundo da capoeira, precisa saber que se deve ter alguns cuidados:

1. **Você tem que ter uma filosofia de trabalho:**
Se você faz um trabalho social, ministra aulas inteira-
mente gratuitas e acha que tem que ser do seu jeito e
apenas do seu jeito mesmo, pois o importante é eu ir
uma vez ou outra... Você está extremante errado, só as-
suma uma turma se você realmente está disposto a
abrir mão de algumas coisas para ministrar as aulas.

2. **Em todos os ambientes de aula, eu sou a
    mesma pessoa:**
Desculpe, você está errado.

Você pode estar ensinando capoeira para pessoas com níveis culturais diferentes, então você tem que ser um professor diferente.

Vamos analisar: se você ensina em um condomínio e chega uma turma de adolescentes que querem participar de torneios? Ou dá aulas em escola pública onde são vários alunos, mas a maioria só gosta de música e dança?
E na associação do seu bairro?
Ou em uma academia de auto padrão?
Nessas situações você percebe que tem que ser versátil, nem tudo é do jeito que você quer ou do jeito que você aprendeu.
Então seja uma metamorfose, se adeque e lembre-se: gritos é falta de educação, falar muito é chato.
Você é um professor, um estimulador. Sua aula tem que ser de qualidade, ninguém gosta de capoeira 100% só de palavras... Tem que ter ação e você tem que estar sempre, de alguma forma, estimulando seus alunos e principalmente dando exemplo!
Não cobre o que você não dá, não ensine o que você não entende, não seja brigador e ache que todos os alunos serão brigadores. Entenda que muitos estão só querendo fazer novas amizades.
Se você está perdido, procure ajuda de quem possa te auxiliar, mas observe para ver se a pessoa não está perdida também. Sei que todos que assumem uma turma tem medo e é esse medo que vai te fazer pesquisar e lembrar que seus alunos não são papel de amostras,

veja até onde são seus alunos e o porquê que você dá
aula!

Não se sinta triste se for pelo dinheiro, você está
certo, então seja profissional.

Se for por emoção, parabéns. Porém, sempre use a
razão. Cuidar de um núcleo é muito difícil, mas mais difícil é manter as pessoas nesse núcleo com você sendo
um péssimo professor.

Seja capoeira. Estude, trabalhe e acredite no seu po-
tencial e lembre-se que pedir ajuda não é fraqueza, é
humildade para aprender.

MESTRE DE APARÊNCIA.

Eu venho observado o crescimento de alguns mestres e tenho gostado muito, mas também venho percebendo que está surgindo um novo conceito de mestre que eu não entendo.

Um amigo meu de outra modalidade esportiva, me perguntou como nós capoeirista aceitamos chamar de mestre pessoas que nunca ensinaram a ninguém.
Eu, que na hora fiquei gelada. perguntei o porquê dele me perguntar.

Mas aí eu vim pra casa e refleti. Entrei em minhas redes sociais e fui fazer uma pequena pesquisa através de fotos e comentários.
Acreditem, tenho certeza que esse texto vai te ajudar a compreender.

Antes de escolher um mestre, procure saber porque no grupo que ele faz parte só ele viaja.
Porque todas as fotos dele, é ele participando de eventos e nunca dele dando aula?
Observe todos os alunos dele e veja se eles não vêm de outras escolas e já chegaram na casa do mestre formado ou professor.
Observe se o mestre ministra as aulas e se ele treina.
Esse mestre que você escolheu tem algum aluno que ele que ensinou e está com ele até hoje?

Como a maioria das outras pessoas chama o mestre que você escolheu?

Agora só para definir: Qual é a história desse mestre e o que ele faz pela capoeira?

Depois de todas essas perguntas, eu pergunto a você: Será que qualquer um pode ser chamado de mestre e será que o cidadão que só se aproveita e nada passa, só lhe dá uma graduação, nunca te ensinou nada, merece ser seu mestre?

Desculpas, mas tive que relatar. Tenho uma lista de mestres (que dizem ser mestres) que a sua história é uma farsa total, que aluno feito em sua fôrma não tem nenhum.

Vamos tentar começar a reorganizar a nossa capoeira. Diga não ao mestre sem fundamentos, sem trabalho, sem serviços prestados à capoeira.

Sei que todos queremos crescer, mas um verdadeiro vencedor é aquele que deixa lição com a sua vitória e não aquele que vence por vencer.

TEMPO PERDIDO NA CAPOEIRA.

Tempo perdido é quando você vê o grupo de todas as outras pessoas crescendo, fazendo eventos e você querendo participar, mas seu mestre diz: "Não, você não deve ir!"

E você nem se atreve a perguntar o porquê.

Tempo perdido é quando você é convidado para visitar uma outra escola, chama seu mestre e seus amigos de grupo e eles respondem: "Que nada! Lá só tem "bunda mole"!", "Que nada, eles são muito metidos!", "Que nada, eles são tirados a valentões!"

Meu amigo, aí você não vai, e quem perdeu foi você!

Tempo Perdido é quando ao invés de aprender, você fica criticando.

Tempo perdido é quando você está com um mestre que não preserva os fundamentos.

Tempo perdido é quando você não participa de atividades em outras escolas, por que seu mestre ou seus amigos teleguiados não querem ir com você.

Tempo perdido é quando você tem uma graduação que ninguém respeita.

Então não perca seu tempo.

Pare, reflita e observe: Por que você não está evoluindo na capoeira?

Por que você treina e chega nos lugares as pessoas não te cumprimentam?

Porque simplesmente, você não é convidado para bons eventos?

Por que seus amigos não vão na sua casa?

Para que você não perca tempo, procure saber de você o que realmente a capoeira pode lhe oferecer e o que você quer.

Existem vários grupos, com várias filosofias, assim como têm vários tipos de condutores de grupos e existem muitos mestres de capoeira. Agora o que você quer, só você é quem sabe, pois, seu grupo e seu mestre reflete muito na sua carreira de capoeira.

Eu fui vítima do tempo perdido, porém graças à Deus, aprendi com o tempo perdido que não posso mais perder o meu tempo.

Casa sem fundamentos, só pra ver movimentos rápidos e loucos, pessoas sem noção, qual seu real papel na capoeira e na comunidade?

NÃO SEJA VOCÊ TAMBÉM O TEMPO PERDIDO PARA
OUTRAS PESSOAS.
SEJA CAPOEIRA!

O QUERER FAZER.

Interessante, quando as pessoas querem e se esforçam elas fazem.

Você já sonhou com aquele evento, sonhou em chamar as pessoas, organizar tudo, fazer vários contatos e fazer a logística inteira. Sua animação está contagiante, mas aí no meio do caminho os patrocínios começam a se desligar da sua ideia e os alunos começam a não querer ir para o evento.

O que você faz?

1) **Analisa e se pergunta: O que aconteceu?**
2) **Mantem a calma?**
3) **Muita coisa começa a passar na sua cabeça e a primeira é trocar a data?** (Nunca faça isso, pois o respeito por aqueles que já confirmaram presença tem que está em evidência.)
4) **Se prepara financeiramente?** Lembre-se, o evento é um investimento que pode dar retorno financeiro ou não, mas com certeza se você for inteligente, vai ter um trabalho de divulgação, vai ter um aprendizado e ainda mais, o seu eu próprio vai te parabenizar.

Porém, agora você pode estar pensando: "Ah mestra, a senhora fala isso por quê nunca teve que fazer evento assim!"

Eu já fiz sim e muitos!

Ficava na expectativa pensando se os alunos iriam
chegar, se iriam contribuir, se os convidados iriam chegar...

Mas aí o que aconteceu foi que muitos não iam para
o evento porquê outras pessoas desestimularam, outras
pessoas falavam que não aconteceriam, mas tudo isso
para o evento ser um fracasso, porém eu nunca desisti.
Sempre tive planos A - B - C - D -E e eu sempre me perguntei porque, e descobri que o erro estava em mim.

Sabe qual era meu erro?
Simplesmente queria agradar as pessoas de fora e
esquecia dos alunos, pressionava tanto os alunos que
eles decidiam parar, ficava cheia de preocupações e não
passava realmente o que todo evento precisa.

Todo evento precisa na verdade é emoção, o sonho.
Você pensa no evento, se emociona e transmite isso
para todos.

Você não mais se importa se está cheio, ou vazio.
Você não se preocupa se as pessoas estão gostando, por
que você está se divertindo, os alunos estão se divertindo e os seus convidados vão sentir aquela energia
harmoniosa, positiva que quando saem do evento já per-
guntam quando teremos outro, as pessoas já querem estar sempre presente em suas atividades.

O segredo do sucesso do evento é:

- **SONHAR.** Sonhe enorme, gigantesco por
  quê mesmo que não aconteça tudo do jeito
  que você sonhou, lembre-se, vai acontecer.
- **SE ORGANIZE FINANCEIRAMENTE**.
  Você pode ter mil promessas, mas vá se pre-
  parando para dar o seu melhor sem passar
  dificuldades. Se organize, pois, se os apoios
  chegarem, ótimo, você economizou um dinheiro para fazer outra coisa, mas se eles
  não chegarem, você não vai ficar de cabeça
  quente e o evento vai acontecer.
- **MANTENHA A ENERGIA POSITIVA**.
  Mesmo que tudo pareça contra a maré, lembre-se que vai chegar alguém para aperta a
  sua mão, então faça valer apena essa troca
  de energia e de conhecimento.
- **INVISTA EM FOTOS E FILMAGENS.**
  Essa é a prova de tudo o que aconteceu.
  Peça à pessoa para pegar aqueles momentos em que as pessoas estão se divertindo
  sem que elas percebam, pois são essas ex-
  pressões faciais que vão no próximo evento
  trazer as outras pessoas.
- **TENHA PLANOS A, B, C, D, E.** É assim
  que você vai conseguir se preparar. Ao ir organizando o evento de várias formas na sua
  cabeça, você vai conseguir ir organizando de
  acordo ao que estiver acontecendo: as falas,
  o jogo...

Faça várias simulações mentais de como conduzir o
evento nessas situações.

EX: Um amigo se comprometeu a dar o feijão, mas, e se ele falhar, o que você vai fazer?

Aí vem o plano B! Uma amiga disse que vai levar a salada de fruta. Hum, mas a salada estragou...

Bom, tem uma galera que disse que iria levar salgados. Esses é o plano C.

Mas só 2 ou 3 levaram o salgado. Não tem problema, os amigos vão levar refrigerante e suco, já se torna o Plano D.

Nossa! Só 5 levaram.

Execute para o plano E: junta um pouquinho de cada coisa que levaram e vai acontecer o lanche. Mas vai acontecer.

A RODA.

O que é a roda de capoeira?
O por que que a roda da sua casa é tão especial?
A roda para ser boa tem quer o que?

São perguntas simples para quem entende o que é
uma roda de capoeira e qual o seu significado pessoal
em cada um, o que acontece naquele momento, realmente o que nasce naquele jogo...

Para mim, a roda é onde vou buscar ancestralidade,
quando escuto uma ladainha boa e bem cantada, um berimbau que faz meu corpo arrepiar quando estou com
vários problemas...

Quando a roda começa que eu entrego ao cântico e vou
dar minha contribuição nas palmas ou nos instrumentos, quando observo meus amigos vadiando...

Assim esqueço de tudo que está fora da roda e só ela
me faz esquecer.

Quando abaixo no pé do berimbau e sinto a voz do
cantador e saio para o jogo, para minha viagem no
mundo da mandiga que começa com negaças.

Agora a minha pergunta é: Em quantas rodas do seu
grupo, escola ou associação, você participa por ano?

Você que estuda à noite, trabalha ou namora (por que tem gente que não vai treinar por que tem que namorar), quantas vezes você se organiza para ir a roda?

Capoeiras, a roda é tão importante quanto o treino!

É na roda que você executa o que aprende, é na roda que você sente se seu ritmo está bom, é na roda que você, quando chega um pouco antes de começar toca um berimbau, um pandeiro, canta, abraça o amigo. Quando o berimbau chama e se forma a roda é que se começa a confraternização com os convidados, é onde você faz novas amizades, é onde você começa ser conhecido e a conhecer.

Então se organize para estar na roda da sua casa e visitar as rodas de amigos com o axé positivo.

BATIZADOS.

Salve!

Não sei se vocês já passaram por isso: dois meses antes do batizado todos os alunos treinando e treinando firme! Nossa, não tem espaço nem para se mexer nos treinos e as rodas extremamente cheias de axé!

Chegou o mês do batizado e até os "fantasmas" surgem faltando 15 dias em um gás danado, contando aquela história que é velho de capoeira, que gostaria de trocar de graduação e tal...

O mestre às vezes por não aguentar ver dinheiro, até troca a graduação do aluno mesmo ele não tendo participado de nada e olha que esses são os que se graduam e param.

Passou o batizado, chegou o dia da primeira roda do grupo e cadê a galera?

O Mestre olha e vê que o grupo começou a cair de componentes.

De quem realmente é a culpa: dos alunos ou do mestre?

Por experiência, a culpa é toda da forma que se faz o evento.

Primeiro: graduação não é comprada, ela é conquistada!

O aluno não paga por sua graduação, ele contribui com o evento.

O aluno não pode treinar por graduação e sim por seu melhoramento mental, físico e social.

Têm que se fazer eventos que se tenha momentos de estimulação à prática da capoeira sem nenhum compromisso com graduação.

Têm que se ensinar aos alunos que ter uma graduação é igual a ter dinheiro: se você trabalha, consequentemente você tem dinheiro. Pouco ou muito, mas tem.

Se você treina, participa e busca conhecimento, com toda certeza você vai ter uma graduação a altura do seu conhecimento.

Então, para aquela turma que ainda está na ideia que batizado de capoeira tem que ser pago, tente só uma vez fazer o evento com outro nome e nesse evento entregue a graduação só a quem participa.

Sabe, é melhor ter 10 alunos que somam diariamente do que 100 alunos que só vão para inchar o batizado, comer, beber e depois nem na academia vai.

GRADUAÇÃO É MÉRITO, GRADUAÇÃO É RESPONSABILIDADE, GRADUAÇÃO É DEGRAUS QUE SE SOBE COM PARTICIPAÇÃO E CONHECIMENTO.

INGRATIDÃO NA CAPOEIRA.

Salve!

Hoje venho falar de ingratidão na capoeira.
Nossa, é tanto Mestre falando que os alunos são ingratos...
Porém, fui observar os conteúdos divulgados por alguns e nossa! Quando parei para refletir a história da maioria dos mestres que se queixam de ingratidão, percebi que eles também não se lembram que foram ingratos.
Calma lá! Não estou defendendo alunos ou mestres, estou mostrando o meu ponto de vista.
Hoje muitos praticantes de capoeira querem ter grupo, associações para estarem na mídia da capoeira, o que é bom, mas esquecem que tudo vem com responsabilidades que às vezes as pessoas não têm capacidade de organizar e aí o grupo não em cresce, não anda...
Tem as marés cheias, tem as marés vazias, e ainda tem a vida da pessoa que se torna pública, algo que para muitos é ótimo, só que eles não sabem que tudo tem um preço e às vezes o preço é caro...
Muito mestre, mas muito mestre mesmo, têm me dito: "Eu quero ganhar o mundo!", mas não paga uma passagem de avião para conhecer ninguém.
Não ajuda o irmão investindo no crescimento do evento, e depois vem me falar que nunca viajou...

Nossa, trabalha e compra uma passagem e vai!

Outra coisa que reparo é que todos tem fundamentos e filosofias que tentam aplicar nos alunos, porém não aplicam neles próprios.

O que realmente um praticante de capoeira quer do grupo e do mestre?

Sinceramente: EU NÃO SEI, PORQUE CADA SER HUMANO É ÚNICO!

Então vamos parar de falar a palavra ingratidão...

Ela só serve para machucar, para plantar a semente da discórdia. Vamos, nós que somos mais esclarecidos e vividos nas artes da vida, agradecer ao ser humano que se vai e lembrar que amizade se torna única, ele só não está mais no plano de execução do grupo e do mestre.

"Ah, mais o cara fala mal de mim..."

Ótimo, que ele fale, significa que doeu mais a ele o seu silencio, e a vida continua.

Mas também se lembre, você um dia já pôde ter sido ingrato a alguém que lhe ensinou...

Você apenas colheu o que plantou e não precisa plantar mais.

Novos grupos não vão fazer que a capoeira cresça e sim se divida, mais do que está dividida. Novos grupos não vão trazer filosofias que já não tenham na vertente capoeira, a única coisa que um novo grupo faz no começo é ganhar fôlego para mostrar ao grupo que fez parte que sabe caminhar sozinhos.

Então nós que já estamos em uma certa caminhada sabemos que muitos são mestres, mas nem todos, são líderes e são admirados.

**Ser capoeirista é fácil.
Ser um capoeirista e fiel à sua casa que é o difícil.**

Quantas vezes os alunos ralam o ano todo e você só liberou a graduação depois do pagamento?

Então pense: quem realmente já foi ingrato?

Ser mestre não é tirar de quem tem, piorou de quem não tem, e sim abrir caminhos para melhoramento pessoal, social, profissional, familiar e na capoeira.

CAPOEIRA TE CHAMA.

Salve!

Alguma vez você já pensou em parar a capoeira?

Ficou tão chateado(a) que quis se afastar de tudo que se relacionasse a mesma?

Já aconteceu comigo, quis parar de ministrar aula, trocar de profissão, acabar com minhas redes sociais e trocar os meus contatos, doar todos os meus instrumentos e até mudar de estado...

Sim, já pensei. Na hora em que tive esse pensamento imediatamente me deu um nó na garganta, meus olhos se encheram de lágrimas, parece que o tempo parou e as lagrimas caíram.

É nesse momento que você percebe que você não escolheu a capoeira, ela que te escolheu e começa uma tristeza profunda. Você querendo sair e o amor não deixa, então a capoeira começa a te mostrar o que você não está conseguindo enxergar.

Você chega na academia e lá está o axé e a música que você mais gosta.

Aquele aluno que todos diziam que iria te trair dá o Iê e faz uma homenagem. Um amigo de outro estado te liga para falar de capoeira e te fortalece. Você está em casa, de repente escuta o berimbau e vê o seu filho tocando e cantando, então você percebe que a tristeza não é com a capoeira.

A sua tristeza tem a ver com os capoeiristas que não a defendem com tanto amor, não faz da capoeira sua prioridade.

A capoeira é uma energia viva! Escolheu você para lutar por ela no plano físico, você pode se afastar de tudo, mas ela não vai se afastar de você.

E por mais dura que ela seja, por mais difícil que seja lutar por ela, não abandone a capoeira por que você pode ser um dos escolhidos para defendê-la.

Mas como vou defender?

Falando, respeitando, divulgando, ensinando e buscando ser um ser humano melhor.

Sendo um(a) Guerreiro(a) Transmitindo o que está aprendendo.

CAPOEIRA NA COMUNIDADE.

Você pratica capoeira e qual seu papel na sociedade?

Eu quero agradecer a todos os capoeiristas que estavam em Periferias e comunidades de alto risco, quero agradecer realmente aos projetos sociais que estão trabalhando com as crianças de 07 aos 16 anos de idade, mas quero mandar um axé para você meu guerreiro, minha guerreira que está aí na periferia sem ganhar nada financeiramente, mas está transformando vidas através de sua dedicação. Talvez você não tenha um carro, não tenha uma moto, muito menos uma casa boa, porém tem todo o meu respeito.

Não estou desfazendo da galera que ministra aulas nos condomínios, nas academias "tops", nas universidades e em bairros nobres. Vocês estão certos, só que peço para que façam uma reflexão...

Peço principalmente para os que são de periferia e cursam nível acadêmico ou já cursaram: Você lembra aquela capoeira da sua comunidade?
Aquela que fazia as apresentações na rua, nas festas como dia das mães, na páscoa...
Você lembra que 22 de agosto, o seu grupo saía para ir nas escolas fazer apresentações e comer caruru?
Lembra quando as rodas nas ruas surgiam do nada?

Lembra como era gostoso ir para o final da sua rua e ir treinar?

Só para voltar no tempo (isso é, se vocês tiveram esse tempo): "Motor (o motorista do ônibus) abre a porta aí pra colocar os instrumentos da capoeira!" E aí entrava todo mundo (risos).

Na praia, já com fome depois do treino: "Gente, vamos lá vamos inteirar pra comprar o refri!"

Então, são esses momentos na vida das crianças e adolescentes que são fundamentais para o seu futuro como adulto, mas isso está sendo tirado aos poucos das nossas crianças e a culpa é nossa pois somos capoeira.

De onde ela saiu?

Eu sei que devemos crescer, sei que devemos buscar nossa melhora, sei que temos que ser remunerados, porém, também sei que ser capoeira é colocar a mão no chão de barro das comunidades, sei que devemos enfrentar de forma inteligente a violência das comunidades e principalmente sei que devemos cuidar das nossas crianças, principalmente aquelas que estão em risco de marginalidade. Elas têm que ter escolhas, porém infelizmente, nós estamos tirando delas a opção de escolha, nós deixamos de dar aulas em comunidades, deixamos de ir fazer rodas nas ruas para as crianças da periferia, nos esquecemos o que somos e nos tornamos escravos de um sistema.

Quanto tempo tem que você não vai em um espaço de capoeira na periferia humilde que os alunos nem abadá tem?

Quanto tempo tem que você não entra em uma comunidade para ministrar aulas nas ruas?

Todos nós agora queremos fazer rodas em espaços e em pontos turísticos.

Nós abandonamos nosso povo. Estamos tão egoístas que só pensamos em fotos, em marcar eventos importantes...

Nos esquecemos que capoeira é um grito de liberdade.

Mas para os que estão nas comunidades lutando contra tudo e todos:

Parabéns! Vocês são os capoeiras de valor!

Agora, nós que não damos mais aulas em comunidade estamos sendo capoeira sim, senhor. Porém não estamos fazendo nosso papel como mestres de capoeira, que é passar formação cultural aos menos favorecidos.

Então, você é capoeira?

"Capoeira mudou muito
E hoje tem seu valor...
É o tempo que te faz mestre,
Não diploma de doutor!
Me mostra o que tu aprendeu,
Me mostra o que tu ensinou..."

VALORIZAÇÃO DA CAPOEIRA.

Salve!

Não sei se vocês repararam que nós, capoeiristas, reclamamos muito que não somos valorizados, que não tem políticas públicas para a capoeira.

Mas por que isso está acontecendo?

Poxa, logo a minha capoeira que é o esporte nacional, é da nossa cultura, é o que leva a língua portuguesa para mais de 100 países...

"A capoeira tem que estar nas olimpíadas!"

Nossa...

Tudo isso todos nós estamos certos em abordar. Mas está na hora do capoeirista parar e pensar...

Os que estão no Brasil querem ajuda do governo.

Porém, os que estão no exterior fazem eventos sem ajuda dos governos internacionais e fazem belíssimos eventos.

Como eles conseguem isso?

Valorização.

"Ah, mas eu sou brasileiro e valorizo minha capoeira!"

Já começou errado...

A capoeira não é minha e nem é sua. É nossa!

Muitas pessoas fazem eventos para mostrar a força do seu grupo. Muito legal é uma forma de mostrar capoeira.

Agora o que está acontecendo?

Estamos fazendo capoeira para capoeira. As rodas organizadas nos bairros acabaram e aí a galera coloca roda somente nas academias, perfeito!

Roda sem público. Como vai trazer novos alunos?

"Poxa, meu evento foi perfeito! Entreguei 100 graduações!"

Massa!

Chegou o dia do treino, tem 30 alunos. Cadê os outros 70? Ou melhor...

Você fez um megaevento. Entrou algum aluno novo?

Bem, eu venho em preocupando com os que estão defendendo os direitos dos capoeiristas.

Temos muitos projetos nas escolas, temos muita gente dando aulas gratuitas, mas muitas academias não estão cheias. Outros esportes têm muito mais seguidores...

Onde estamos errando?

Simples, não estamos errando. Simplesmente não estamos buscando trazer novos adeptos para a capoeira, achamos que por si só a capoeira já é atrativa... Algo que na verdade é realidade, mas ela não está nas mídias, não está mais em formação de caráter e personalidades.

Quem foi a última personalidade que você viu ou ouviu falando de capoeira?

Fora que, infelizmente por falta de instruções, a maioria dos professores ou pessoas que dão aulas não fazem plano de aula, não tem objetivos. Só pensam em batizados...

A capoeira é muito mais que ficar esperando valorização.

Nós somos valorizados por nossas ações, por nossa conduta e se começar a existir coletividade para se juntar em prol de fazer ações reais, que venha ensinar os jovens, que serão os futuros mestres que **NÃO É EVENTO QUE FAZ GRUPO CRESCER!**

São ações para um público que não é da capoeira, por que quem é capoeira tem o dever de defendê-la e amá-la!

Chegou a hora de soltar a magia que a capoeira tem, comece a sair com o grupo para fazer as coisas boas.

EMPREENDEDORISMO CULTURAL

O que é isso?

Bem, você tem que aprender que tudo na vida é um investimento de tempo.

O tempo que você treina é para aperfeiçoar suas técnicas de jogo, e o tempo que você investe na capoeira é retornável de várias formas.

Vamos começar pelo Empreendedorismo Cultural...

Quando você organiza um evento, isso é uma forma de empreender. Mas o que engloba esse evento? E se você não for um dos organizadores?

Como você pode ir além do jogo? Como você pode ter um retorno? Como viver de capoeira?

Têm pessoas que às vezes querem ir para eventos, porém não têm condições financeiras, mas se fosse um empreendedor cultural iria ver os eventos como forma de adquirir recursos.

Vamos ver alguns exemplos...

Na Associação Cultural Bahia Ginga (meu grupo), temos o evento chamado Ginga Feminina no qual contamos com alguns parceiros, apesar de não haver patrocínio governamental. Seguindo: o evento requer um investimento, mas você não tem condições financeiras de participar...

Espera aí: você tem uma estamparia! Sendo assim o que você pode fazer?

Investir em algumas estampas, cartões de vista e participar do evento, aproveitando, trazendo seu material e divulgando seu trabalho. Assim, além de adquirir novos conhecimentos, você pode conquistar novos clientes...

"Nossa, mas eu não sou desse ramo...". Então qual o seu ramo?

Na verdade, não importa qual é o seu ramo de atividade, porque os eventos de capoeira são polos de comunicação e expansão para o seu negócio e se o seu negócio for vinculado a capoeira, esse já é o seu cartão de visita e demonstração.

Siga o rumo, invista na nossa cultura e seja um empreendedor de sucesso!

A capoeira é um investimento físico, mental e financeiro constante.

Aproveito a oportunidade para agradecer a você, isso, a você mesmo, que chegou até aqui, o último capítulo do Capoeira Nossa Cultural – Volume I, e te convido para conhecer um pouco mais sobre esse último através dos nossos produtos que estão disponíveis em nossa loja virtual: Torres Confecções Culturais.

Te espero no Volume II!

AGRADECIMENTOS

Por onde começar? (risos).

Quero agradecer primeiramente à Olorum por me conceder o privilégio da vida, a Xangô por me dar o dom e a Ogum por abrir os caminhos....

Agradecer a Oxum por se minha inspiração... E assim começo, agradecendo ao lado espiritual.

Tudo o que sou hoje, (seja de bom ou ruim), eu agradeço à vida. A vida vem me educando e agradeço a mainha por toda a educação que me deu e a capoeira por me dar direção em toda a minha vida.

Não existe uma árvore sem raiz e agradeço aos meus filhos Jeferson Gabriel e Jonatã Wallace por serem a minha luz e o caminho para o meu amadurecimento na capoeira e na vida.

Não posso deixar de agradecer a Raquel Torres Barbosa por ser a grande incentivadora, coprodutora, amiga, companheira e minha estabilidade emocional, pois sem a total harmonia dos sentimentos, nunca teria tempo para transpor os pensamentos.

E claro, não posso esquecer de todos da Associação Cultural Bahia Ginga, aos leitores do blog Bahia Ginga Cultura do Brasil e a você que começa a me conhecer hoje.

Gratidão!

Mestra Geisa

BIOGRAFIA

Geisa Maria Barbosa Ribeiro de Sousa Torres, (Mestra Geisa), nasceu em 12 de setembro de 1981, no bairro de São Caetano, região periférica de Salvador. Aos sete anos de idade conheceu um dos grandes amores da sua vida: a Capoeira. Mãe de 4 filhos, sendo dois adotivos e dois consanguíneos, a gratidão pela Capoeira é sempre expressada com um grande sorriso e brilho os olhos ao contar pelas dificuldades que já passou e como a capoeira a ajudou nas diversidades da vida e na criação dos filhos.

Desde 1996 ministra aulas de capoeira para a comunidade do bairro de São Caetano e adjacências e desde 2005, atua em escolas particulares, sendo o Centro Educacional RBM a primeira escola em que trabalhou, a qual permanece até hoje e seu maior parceiro e apoiador nos projetos socioculturais.

Em 29 de outubro de 2009, nasce mais uma filha: a Associação Cultural Bahia Ginga. Uma de suas joias, sua fábrica de cidadãos, na qual usa a capoeira como sua grande arma contra a marginalidade existente no bairro em que nasceu e cresceu. Por conta desse trabalho, em 2014 (quando ainda era Contramestra) recebe o Prêmio

Berimbau de Ouro 2013, idealizado pelo também Mestre
de capoeira, Máximo Brito Filho sendo uma das primei-
ras mulheres capoeiristas a receber o Prêmio ao lado de
Mestra Bia (primeira mulher consagrada Mestra de capoeira no Nordeste de Amaralina).

Sempre em busca de novos conhecimentos, de aprimo-
rar seus horizontes e conhecer mais sobre a nossa diver-
sidade cultural, Mestra Geisa já viajou para diversas re-
giões do nosso país (tais como Roraima, Sergipe, Alagoas
e etc..), sempre fazendo amigos por onde passa, até
mesmo em outros países.

Em 2015 foi consagrada Mestra de capoeira, durante o
VII Batizado e Troca de Graduações A.C.B.G pelo seu
Mestre Gabriel e por seu avô de capoeira, Mestre Aristi-
des Pupo Mercês (formado por Mestre Canjiquinha e
grande percussor da capoeira nas escolas particulares de
Salvador).

Idealizadora de projetos socioculturais como Encontro
de Gerações, Capoeira Pedagógica, Transformaê Capoeira, Ginga Feminina, Aprendendo A Ensinar e Águas
de Yalodê, visa levar aos seus alunos e demais capoeiristas, diversas vertentes e possibilidades dentro da própria capoeira.

Tem como diversão maior a literatura e o design,
sendo escritora do blog Bahia Ginga Cultura do Brasil e
CEO das empresas Torres Mídia e Torres Confecções
Culturais.